TIME FOR KIDS

# Mantenerse sano

Dona Herweck Rice

## Asesor

**Timothy Rasinski, Ph.D.**
Kent State University

## Créditos

Dona Herweck Rice, *Gerente de redacción*
Robin Erickson, *Directora de diseño y producción*
Lee Aucoin, *Directora creativa*
Conni Medina, M.A.Ed., *Directora editorial*
Ericka Paz, *Editora asistente*
Stephanie Reid, *Editora de fotos*
Rachelle Cracchiolo, M.S.Ed., *Editora comercial*

**Créditos de las imágenes**
Cubierta Photolibrary; p.4 visionaryft/Shutterstock; p.5 Monkey Business Images/Shutterstock; p.6 Andresr/Shutterstock; p.7 wavebreakmedia ltd/Shutterstock; p.8 Stuart Monk/Shutterstock; p.9 Forster Forest/Shutterstock; p.10 kali9/iStockphoto; p.11 Monkey Business Images/iStockphoto; p.12 AlexRaths/iStockphoto; p.13 sjlocke/iStockphoto; p.14 matka_Wariatka/Shutterstock; p.15 tan4ikk/Shutterstock; p.16 ranplett/iStockphoto; p.17 Rich Legg/iStockphoto; p.18 3445128471/Shutterstock; p.19 Studio 1One/Shutterstock; back cover Garsya/Shutterstock

Basado en los escritos de *TIME For Kids.*





**Teacher Created Materials**
5301 Oceanus Drive
Huntington Beach, CA 92649-1030
http://www.tcmpub.com

**ISBN 978-1-4333-4428-2**

# Tabla de contenido

# Mantenerse sano

Estás creciendo rápido, y necesitas cuidarte bien.

Este libro te enseñará lo que puedes hacer para mantenerte sano.

# Comer bien

La comida apropiada te ayuda a crecer fuerte. Las frutas y verduras son buenas.

Toma decisiones saludables. Come tentempiés, pero no muchos.

—¿Mamá, compramos papitas? —preguntas.

—Está bien, pero nada de galletas —dice ella.

# Tomar agua

¿Sabías que tu cuerpo necesita mucha agua? Es mejor para ti que el jugo y los refrescos. El agua ayuda a mantenerte sano.

El agua también ayuda a mantenerte limpio. Estar limpio es parte de estar sano.

## Correr y jugar

Correr todos los días te hace más fuerte. Practicar deportes es una buena manera de correr y divertirte.

También juega todos los días porque jugar te hace feliz. Estar feliz es bueno para ti.

# Ir al médico

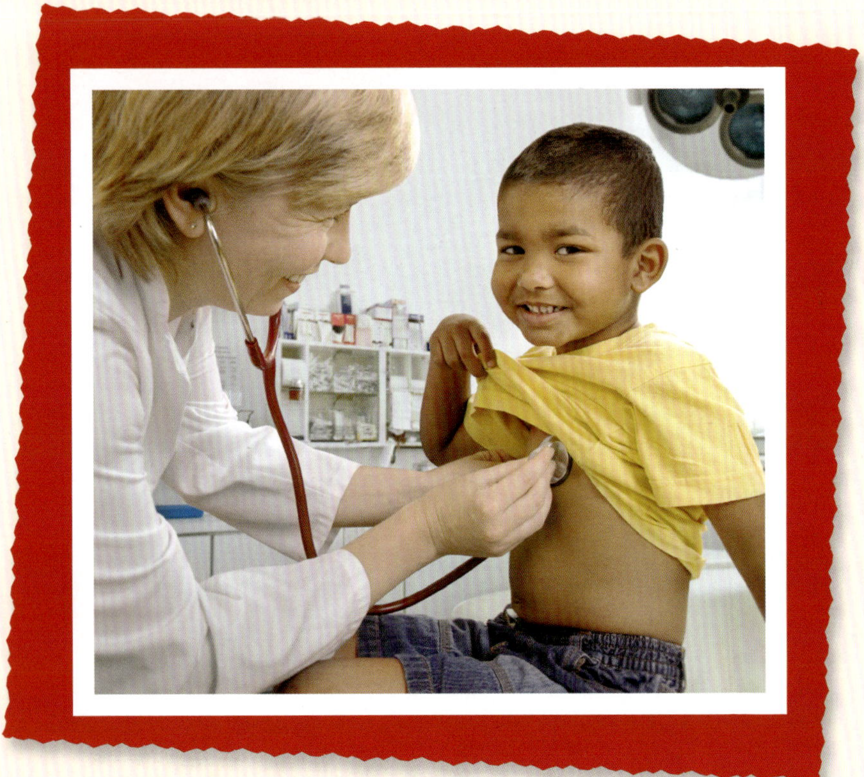

Ve al médico para chequeos físicos. La enfermera te pesará y te medirá para ver cuánto has crecido.

—¡Caramba, estás creciendo! —te dirá.

—Sí, tienes razón —puedes decirle.

# Dormir

Duerme bien todas las noches. Estar cansado no es divertido.

Cuando duermes bien, estás listo para el día siguiente. Te sentirás bien.

# Usar tu mente

Tu mente también necesita estar fuerte. Hagas lo que hagas, usa tu mente todos los días.

¿Estás usando tu mente ahora? Sí, la estás usando. ¡Bien hecho!

Cuida bien de ti mismo.

Te alegrarás de haberlo hecho.

## Palabras para aprender

agua
apropiada
cansado
chequeos físicos
comer
correr
crecer
crecido
cuerpo
cuida
decisiones
deportes
dormir
enfermera
frutas
fuerte
jugar
mantenerte
médico
medirá
mente
pesará
sano
ti mismo
tomar
verduras